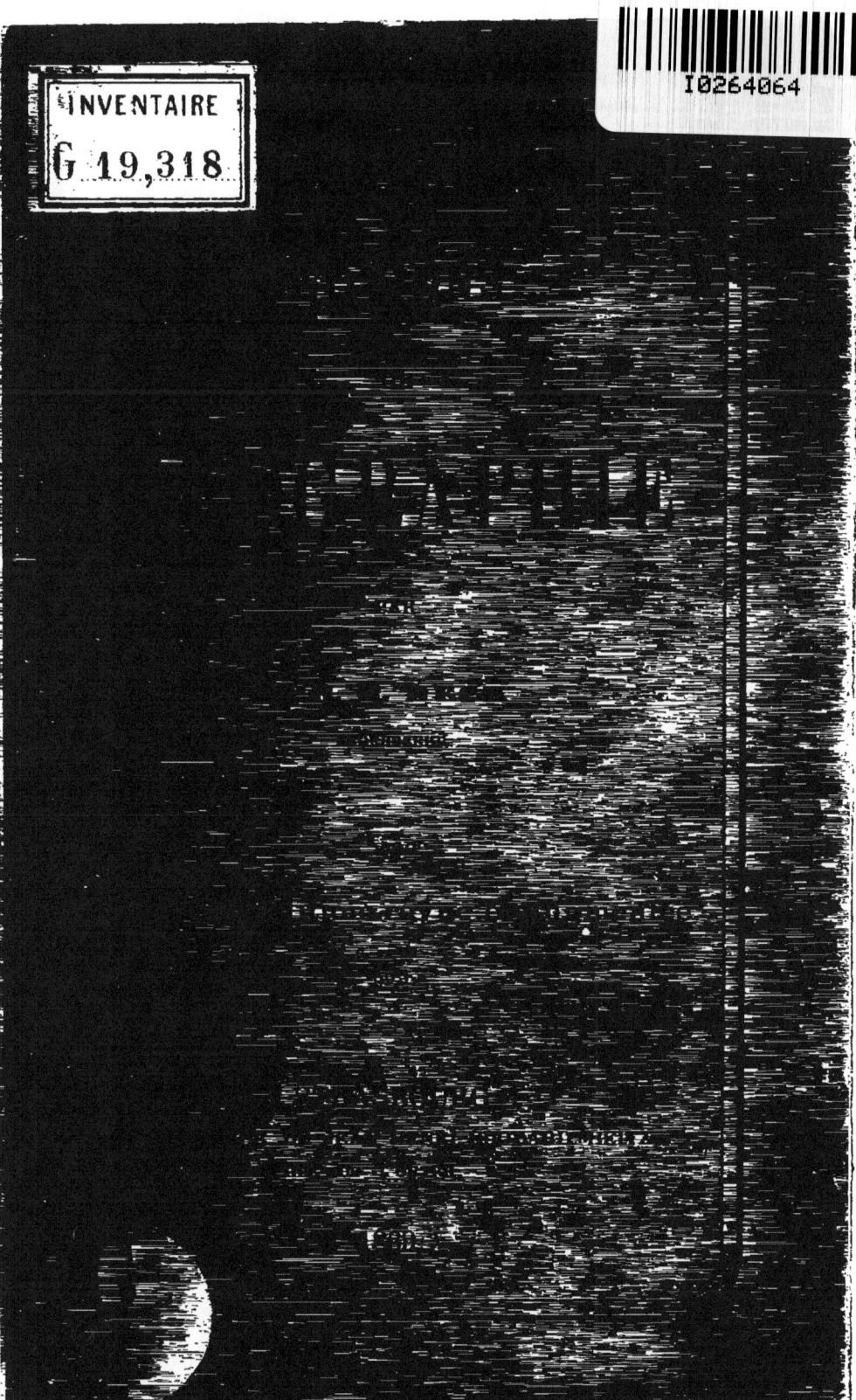

19318

NOTIONS
DE
GÉOGRAPHIE.

1ʳᵉ Leçon.

La *Géographie* est la description de la terre.

La terre est *ronde*, elle a la forme d'un *globe* ou d'une boule immense ; aussi l'appelle-t-on souvent *globe terrestre*. Au lieu de boule, on dit aussi *sphère*.

Les montagnes et les vallées n'empêchent point la terre d'être ronde, parce que leur hauteur n'est rien comparée à la grosseur de la terre.

2ᵉ Leçon.

On nomme *horizon*, l'espace qui s'étend autour de nous en cercle, jusqu'à l'endroit où notre vue s'arrête et où le ciel semble se joindre à la terre.

Sur cet horizon on distingue *quatre points cardinaux* qui sont :

1° L'*Est*, 2° l'*Ouest*, 3° le *Nord*, 4° le *Sud*.

L'Est est le point où le soleil paraît se lever.

L'Ouest est le point où le soleil paraît se coucher.

A midi le soleil est au Sud.

Le Nord est opposé au Sud.

3ᵉ Leçon.

L'Est s'appelle aussi Levant ou Orient.
L'Ouest — Couchant ou Occident.
Le Nord — Septentrion.
Le Sud — Midi.

Entre les points cardinaux on distingue **quatre autres points**, on les appelle *collatéraux*. Ce sont :

Le Nord-Est situé entre le Nord et l'Est.
Le Nord-Ouest entre le Nord et l'Ouest.
Le Sud-Est entre le Sud et l'Est.
Le Sud-Ouest entre le Sud et l'Ouest.

4ᵉ Leçon.

On représente la terre au moyen de globes et de cartes géographiques.

Un *globe terrestre* ou une *sphère* est une boule plus ou moins grande qui représente la terre avec ses différentes parties.

Les cartes de géographie représentent la surface de la terre ou des parties de cette surface.

Sur les cartes de géographie le *Nord* est en haut, le *Sud* est en bas, l'*Est* est à droite, l'*Ouest* à gauche.

5ᵉ Leçon.

Une mappemonde représente la terre dessinée sur papier.

Un pareil dessin fait voir la terre divisée en deux *hémisphères* ou moitiés de sphères, parce qu'il serait impossible d'en représenter autrement la surface. Si l'on voulait dessiner le globe tel qu'il est, sans le diviser, la moitié de dessus cacherait celle de dessous.

6ᵉ Leçon.

La terre n'est pas immobile, elle a un double mouvement. Elle tourne sur elle-même, et en même temps autour du soleil.

Elle tourne sur elle-même, comme la roue autour de son essieu.

La ligne imaginaire sur laquelle la terre semble tourner s'appelle *axe*.

Les deux extrémités de l'axe sont les deux *pôles*, l'un est le *pôle nord* ou pôle *arctique*, l'autre le *pôle sud* ou pôle *antarctique*.

7ᵉ Leçon.

La terre tourne sur elle-même dans 24 heures. Dans cet espace de temps elle présente au *soleil*, dont elle reçoit la lumière et la chaleur, toutes les parties de sa surface. Voilà pourquoi nous avons tour à tour le *jour* et la *nuit, midi* et *minuit*.

La terre tourne autour du soleil dans l'espace de 365 jours ou dans une année.

Ce mouvement produit les 4 saisons : Le *printemps*, l'*été*, l'*automne* et l'*hiver*.

8ᵉ Leçon.

La *lune* éclaire la nuit. On la voit tantôt sous la forme d'un croissant ☾, tantôt sous la forme d'un disque ☻. Lorsque le croissant regarde vers l'Est ☽, c'est le *premier quartier;* lorsqu'il regarde vers l'Ouest ☾, c'est le *dernier quartier;* quand le disque est complet, c'est la *pleine lune;* enfin quand elle disparaît entièrement pour reparaître 4 ou 5 jours après, c'est la *nouvelle lune*.

La lune tourne autour de la terre dans l'espace d'un mois; elle en fait ainsi douze fois le tour dans l'année, de là les douze mois.

9ᵉ Leçon.

L'*équateur* est un grand cercle qui se trouve à égale distance des deux pôles. Il partage ainsi le globe en deux *hémisphères*, l'hémisphère *septentrional* ou *boréal*, situé du côté du pôle nord, — l'hémisphère *méridional* ou *austral*, situé du côté du pôle sud.

L'équateur est dans la partie la plus chaude de la terre.

A mesure que l'on avance vers le pôle nord ou vers le pôle sud, il fait de plus en plus froid.

Les *parallèles* sont des cercles plus petits, situés, soit au nord soit au sud de l'équateur; ils restent toujours à égale distance de ce grand cercle. La distance d'un lieu quelconque à l'équateur s'appelle la *latitude* de ce lieu.

10ᵉ Leçon.

Il y a quatre parallèles qu'il importe surtout de connaître; ce sont les *deux tropiques*: le tropique du *Cancer* et le tropique du *Capricorne;* le premier au nord, le second au sud de l'équateur; enfin les deux *cercles polaires*, l'un *arctique* l'autre *antarctique*.

Ces cercles servent à limiter les diverses *zônes*.

On entend par climat, le degré de chaud ou de froid qui règne dans une contrée.

Les climats sont marqués par les zônes.

Il y a cinq zônes: la *zône torride*, renfermée entre les deux tropiques; les *deux zônes tempérées*, entre les tropiques et les cercles polaires; et les deux *zônes glaciales*, situées autour des pôles.

Les *méridiens* sont des cercles qui font le tour de la terre en passant par les deux pôles. Ils sont tous égaux. On en compte ordinairement 360. Chaque méridien est à son tour divisé en 360 parties égales ou *degrés*. La distance d'un lieu au *premier méridien* est ce qu'on appelle la *longitude* de ce lieu.

11ᵉ Leçon.

Il y a sur le globe des terres et des eaux.

Les plus grands espaces de terres sont des *continents*.

La plus grande partie d'eau répandue à la surface du globe forme *la mer*.

Il y a deux continents, l'*ancien* et le *nouveau*.

L'ancien continent a toujours été connu, le nouveau continent a été découvert par Christophe Colomb, en 1492.

Les continents sont séparés par les mers.

12ᵉ Leçon.

Les continents sont divisés en cinq grandes parties appelées les cinq *parties du monde*, ce sont : l'*Europe*, l'*Asie*, l'*Afrique*, l'*Amérique* et l'*Océanie*.

L'Europe, l'Asie, l'Afrique, forment l'ancien continent, l'Amérique forme le nouveau continent, et l'Océanie est souvent appelée le monde maritime.

La mer est divisée en cinq *océans*, ce sont : l'*Océan Atlantique*, le *Grand Océan*, l'*Océan Indien*, l'*Océan glacial du Nord*, l'*Océan glacial du Sud*.

13ᵉ Leçon.

Il y a trois grandes races d'hommes :

1º La *race blanche*, 2º la *race jaune*, 3º la *race nègre*.

La race blanche habite surtout l'Europe, l'ouest de l'Asie et le nord de l'Afrique.

Les hommes de la race jaune habitent surtout l'est et le nord de l'Asie.

Les nègres peuplent une grande partie de l'Afrique et le sud de l'Océanie.

On distingue encore trois races secondaires : La race *malaise*, la race *polynésienne* et la race *américaine*, plus connue sous le nom d'*Indiens* ou *peaux rouges*.

14ᵉ Leçon.

Les grandes associations des hommes les plus civilisés forment les *peuples* et les *nations*. Les hommes démi-civilisés et les *sauvages* forment les *peuplades*, les *tribus*, les *hordes* et les *familles isolées*.

Les peuples et les nations ont des demeures fixes, c'est-à-dire des maisons solides en pierres, en briques et en bois; les maisons sont ordinairement réunies en groupes.

Les plus petits groupes sont les *hameaux*. Le *village* est plus grand que le hameau; le *bourg* est plus considérable que le village; enfin les plus grandes réunions de maisons s'appellent *villes* ou *cités*.

15ᵉ Leçon.

On nomme *contrée*, *région*, *pays*, les grandes divisions territoriales des parties du monde.

Tout pays soumis à un même gouvernement, aux mêmes lois, et dont les habitants ont généralement le même langage, les mêmes mœurs, forme un *État*.

Quand l'État est gouverné par un empereur, c'est un *empire*; quand il est gouverné par un roi, c'est un *royaume*. Quand les chefs de l'État sont élus par la nation c'est une *république*. Si à la tête de l'État se trouve un duc, c'est un *duché*. Si le souverain a le titre de comte ou de prince, c'est un *comté* ou une *principauté*. La ville où siège le gouvernement d'un pays en est la *capitale*.

16ᵉ Leçon.

Les terres sont *basses*, *plates* ou *élevées*.

Les *monts* et les *montagnes* sont de grandes hauteurs.

Les *collines* et les *monticules* sont des hauteurs moins considérables.

On appelle *côte*, le penchant d'une montagne ou d'une colline et quelquefois une montagne ou une colline tout entière.

Le *sommet* est le point le plus élevé de la montagne, le *pied* en est la partie la plus basse.

La *pente* est l'inclinaison plus ou moins grande du flanc de la montagne. Si la descente est droite, la pente est *raide* ou *rapide*; si elle est lente et légèrement inclinée, la pente est *douce, aisée, insensible*.

17ᵉ Leçon.

Une *chaine de montagnes* est une longue suite de montagnes.

Les penchants d'une chaine de montagnes s'appellent *revers* ou *versants*.

On nomme *plateaux*, des plaines sur le sommet des montagnes.

Les principales chaines de montagnes qu'il importe de connaitre sont : Les *Alpes*, les *Pyrénées*, les monts *Scandinaves* ou *Kiœlen*, les monts *Ourals*, le *Caucase*, les *Karpathes*, les *Balkans*, les *Vosges*, le *Jura* en Europe.

Les monts *Himalaya*, le *Liban*, le *Taurus* en Asie.

L'*Atlas* et les monts de la *Lune* en Afrique.

Les *montagnes Rocheuses* et les *Cordillères* en Amérique.

Les *montagnes Bleues* et les *Alpes d'Australie* en Australie.

18ᵉ Leçon.

Les sommets les plus élevés des différentes chaines que nous venons de nommer sont : Dans le *Caucase* le mont Elbrouz (5600 mètres), le Mont-Blanc dans les Alpes (4810 mètres), la Maladetta dans les Pyrénées, le mont *Everest* (8840 mètres) et le *Dawala-Ghiri* (8187 mètres) dans les monts *Himalaya*, le *Chimborazo* que l'on a cru pendant quelque temps la plus haute sommité du globe, mais qui n'a que 6530 mètres, dans les Cordillères.

Les *volcans* sont des montagnes avec des ouvertures ou *cratères*, d'où sortent des flammes, de la fumée, des gaz, des cendres et des métaux en fusion. La masse en fusion, rejetée par le volcan se nomme *lave*.

Les principaux volcans sont : le *Vésuve*, l'*Etna*, le *Stromboli* et le mont *Héckla*.

19ᵉ Leçon.

On appelle *plaines*, les parties plates de la campagne. Les *déserts* sont des plaines arides, sablonneuses et brûlées par le soleil ardent de la zône torride. Par ex. : Le *Sahara* en Afrique.

Les petits cantons fertiles au milieu d'un désert, sont des *Oasis*.

Les *vallées* sont des espaces profonds situés entre deux montagnes ou deux chaines de montagnes. Par ex. : La vallée du Rhin.

Le *vallon* est une petite vallée.

Les passages étroits entre deux montagnes ou entre la mer et une montagne, s'appellent *gorges ou défilés*.

20ᵉ Leçon.

On nomme *mers* les parties des Océans.

Les principales mers de l'Europe sont :

La mer *Blanche*, la mer *Baltique*, la mer du *Nord*, la *Manche*, la *Méditerranée*, l'*Adriatique*, la mer *Ionienne*, l'*Archipel*, la mer de *Marmara*, la mer *Noire*, la mer d'*Azof* et la mer *Caspienne*.

En Asie nous citerons, la mer *Rouge*, la mer d'*Oman*, la mer des *Indes*, la mer de *Chine*, la mer *Jaune*, la mer de *Behring*.

En Amérique, la mer de *Baffin* et la mer des *Antilles*.

21ᵉ Leçon.

Les parties de mer qui pénètrent dans les terres, forment les *golfes*, les *baies*, les *anses*, les *rades*.

Les *ports* sont des golfes appropriés aux besoins de la marine ; ils offrent aux bâtiments un asile contre les vents et les tempêtes.

Un *hâvre* est un petit port.

Parmi les principaux golfes nous citerons : les golfes de *Bothnie*, de *Finlande*, de *Riga*, de *Livonie*, de *Dantzig*, le golfe de *Gascogne* ou mer de *France*, les golfes de *Lion* et de *Gênes*, en Europe.

Les golfes *Persique*, d'*Oman*, du *Bengale* en Asie.

Les golfes de *Guinée* et d'*Aden* en Afrique.

La baie d'*Hudson*, le golfe de *Saint-Laurent*, le golfe du *Mexique* en Amérique.

22ᵉ Leçon.

On nomme *cap*, *promontoire* ou *pointe*, des parties de terre qui s'avancent en pointe dans la mer :

Le cap *Nord*, le cap *Lands-End*, le cap de la *Hague*, la pointe de *Saint-Mathieu*, le cap *Finistère*, le cap *Corse* et le cap *Matapan* en Europe ; le cap de *Bonne-Espérance* en Afrique ; et le cap *Horn* en Amérique.

Un *isthme* est un espace de terre très-étroit qui s'étend entre deux *mers*. Nous citerons les isthmes de *Pérékop* et de *Corinthe*, l'isthme de *Suez*, l'isthme de *Panama*.

Un *détroit* est un espace de mer très-étroit entre deux terres. On l'appelle souvent *canal* ; il unit d'ordinaire deux mers.

23ᵉ Leçon.

Les principaux détroits sont :

Le *Skager-Rack,* le *Cattégat,* le *Sund,* le *Grand-Belt* et le *Petit-Belt,* le *Pas-de-Calais,* le détroit de *Gibraltar*, le détroit ou *phare* de *Messine,* les détroits des *Dardanelles*, de *Constantinople* et d'*Iénikalé* en Europe.

Les détroits de *Behring,* d'*Ormus,* de *Malacca* et de *Bab-el-Mandeb* en Asie.

Le détroit de *Magellan* en Amérique.

Une *île* est une étendue de terre entourée d'eau de tous côtés. On nomme *insulaires* les habitants d'une île.

On nomme *groupe d'îles* ou *archipel* un certain nombre d'îles réunies en groupe.

Un *îlot* est une île très-petite.

24ᵉ Leçon.

Les îles les plus importantes de l'Europe sont :

L'*Islande,* la *Grande-Bretagne,* l'*Irlande,* l'île de *Séeland,* de *Fionie,* de *Wight,* de *Guernesey,* de *Jersey,* d'*Ouessant*, de *Ré* et d'*Oléron*; les îles *Baléares* (*Majorque, Minorque, Iviça* et *Formentera*), la *Corse,* la *Sardaigne,* la *Sicile*; les îles *Ioniennes* (*Corfou, Paxo*, *Sainte-Maure*, *Théaki*, *Céphalonie*, *Zante* et *Cérigo*), l'île de *Candie.*

Une *presqu'île* ou *péninsule* est une terre presque entourée d'eau et qui ne tient à la terre ferme que d'un seul côté. Par ex. : La *péninsule hispanique,* la *presqu'île de Crimée.*

On appelle *côte* la partie des terres que la mer baigne de ses flots.

25ᵉ Leçon.

Les *lacs* sont de grands amas d'eau placés au milieu des terres.

Parmi les lacs les plus importants de l'Europe nous citerons : Les lacs *Onéga*, *Saïma*, *Ilmen*, *Peipous*, *Mélar*, *Wener*, *Wetter*, de *Constance*, de *Zurich*, de *Luzerne* ou des *Quatre-Cantons*, de *Neufchâtel*, de *Genève*, le lac *Majeur*, de *Côme* et de *Garde*.

Les *marais* sont des amas d'eau peu profonds qu'on rencontre dans les terres basses et qui n'ont point d'issues pour s'écouler. Les eaux des marais sont stagnantes et fangeuses.

26ᵉ Leçon.

Un *fleuve* est un grand *cours d'eau* qui va se jeter dans la mer.

Les fleuves sont presque toujours navigables.

Les principaux fleuves de l'Europe sont :

La *Petchora* qui se jette dans l'Océan glacial ;

La *Tornéa*, dans le golfe de Bothnie ;

La *Vistule*, dans le golfe de Dantzig ;

L'*Elbe*, le *Rhin* et la *Tamise* se jettent dans la mer du Nord ;

La *Seine*, dans la Manche ;

La *Loire* et la *Gironde* se jettent dans la mer de France ;

Le *Minho*, le *Douro*, le *Tage*, la *Guadiana* et le *Quadalquivir* se rendent dans l'océan Atlantique ;

L'*Ebre*, le *Rhône*, le *Tibre*, dans la Méditerranée ;

Le *Pô*, dans l'Adriatique.

27ᵉ Leçon.

Le *Danube*, le *Dniester* et le *Dniéper* se jettent dans la mer Noire ; le *Don*, dans la mer d'Azof ; le *Volga* et l'*Oural* dans la mer Caspienne.

En Asie nous citerons parmi les fleuves les plus remarquables : l'*Obi* et le *Jénisseï* qui se rendent dans l'Océan glacial ; le *Tigre* et l'*Euphrate*, dans le golfe Persique ; le *Gange* et le *Bramapoutre*, dans le golfe de Bengale.

En Afrique : le *Nil* qui se rend dans la Méditerranée ; le *Sénégal* et la *Gambie* se jettent dans l'océan Atlantique.

En Amérique : le *Mackensie* qui se jette dans l'Océan glacial ; le *Saint-Laurent*, dans la baie du même nom ; le *Mississipi* dans le golfe du Mexique ; l'*Orénoque*, l'*Amazone* et le *Rio de la Plata* qui se jettent dans l'océan Atlantique.

28ᵉ Leçon.

Une *rivière* est un cours d'eau moins grand qu'un fleuve ; elle se jette ordinairement dans un fleuve.

Un *ruisseau* est un cours d'eau plus petit qu'une rivière.

Les *torrents* sont des cours d'eau très-rapides qui se forment le plus souvent au moment des grandes pluies ou à la fonte des neiges. Leurs eaux s'écoulent rapidement.

La *source* est l'endroit où le fleuve commence ; l'*embouchure* est l'endroit où il se jette dans la mer. Une rivière qui coule dans un fleuve est un *affluent* de ce fleuve, et l'endroit où elle se joint au fleuve s'appelle *confluent*.

Chaque cours d'eau a une *rive droite* et une *rive gauche*.

29ᵉ Leçon.

Le *bassin* du fleuve est la vallée dans laquelle il coule.

En *amont* signifie en remontant vers la *source* du fleuve ; en *aval*, en descendant vers son *embouchure*.

Un *canal* est une rivière creusée par la main de l'homme pour la circulation des bateaux et la communication des cours d'eau entre eux.

Les canaux servent aussi à unir deux mers. Par ex. : Le canal de la *Marne-au-Rhin* et le canal du *Rhône-au-Rhin*.

Un *étang* est un amas d'eau formé par un ruisseau qu'on arrête dans son cours au moyen d'une *digue* ou *chaussée*.

Un *vivier* est un petit étang dans lequel on élève des poissons.

30ᵉ Leçon.

L'*Europe* est la plus *petite* partie du monde, mais c'est la plus civilisée. Elle se trouve à peu près vers le milieu de l'espace renfermé entre l'équateur et le pôle nord.

Le climat y est tempéré.

L'*Europe* tient vers l'*est* à l'*Asie*; elle en est séparée par les *monts Ourals* et la *mer Caspienne*.

Au *nord* elle est bornée par l'*Océan glacial*.

A l'*ouest* par l'océan *Atlantique*.

Au *sud* elle est séparée de l'*Afrique* par la *Méditerranée* et le détroit de *Gibraltar*.

On peut diviser l'Europe en *quatre régions* :

La *région* du *nord*.
La *région* de l'*est*.
La *région* du *sud*.
La *région* du *milieu*.

31ᵉ Leçon.

L'Europe se divise en *seize contrées* ou pays dont *trois* au *nord*, *une* à l'*est*, *cinq* au *sud* et *sept* au *milieu*.
I. Les *trois contrées* de la région du *nord* sont :
    1° Les *Iles Britanniques*, capitale Londres.
    2° Le *Danemark*, cap. Copenhague.
    3° La *Suède* et la *Norwège*, cap. Stockholm.
II. La région de l'*est* comprend le seul empire de *Russie*, cap. Saint-Pétersbourg.
III. Les *cinq contrées* de la région du *sud* sont :
    1° Le *Portugal*, cap. Lisbonne.
    2° L'*Espagne*, cap. Madrid.
    3° L'*Italie*, cap. Florence ; les *États de l'Église*, cap. Rome.
    4° La *Turquie*, cap. Constantinople.
    5° La *Grèce*, cap. Athènes.

32ᵉ Leçon.

IV. Les *sept contrées* de la région du *milieu* sont :
    1° La *France*, cap. Paris.
    2° La *Belgique*, cap. Bruxelles.
    3° La *Hollande*, cap. La Haye.
    4° La *Suisse*, villes principales Berne, Bâle et Genève.
    5° L'*Autriche*, cap. Vienne.
    6° La *Confédération de l'Allemagne du Nord* sous la protection de la *Prusse*, cap. Berlin.
    7° Les *Etats de l'Allemagne du Sud* restés indépendants :
        1. La *Bavière*, cap. Munich.
        2. Le *Wurtemberg*, cap. Stuttgart.
        3. Les grands-duchés de *Bade*, de *Hesse-Darmstadt* et la principauté de *Lichtenstein*.

33ᵉ Leçon.

L'Asie est située à l'*est* de l'Europe et de l'Afrique. Elle est la plus peuplée des cinq parties du monde; elle a été le berceau du genre humain.

Elle est bornée à l'*ouest* par l'Europe, dont elle est séparée par les *monts Ourals*, le *fleuve Oural* et la *mer Caspienne.*

Au *sud*, par la *mer des Indes.*

A l'*est*, par le *grand Océan*, et au *nord* par l'*Océan glacial arctique.*

Les principaux pays de l'Asie sont :

Au *nord :* la *Sibérie*, cap. Tobolsk.

A l'*est :* la *Chine*, cap. Pékin; le *Japon*, cap. Yédo.

A l'*ouest :* l'*Arabie*, cap. La Mecque; la *Turquie d'Asie*, cap. Smyrne.

Au *sud :* l'*Hindoustan*, cap. Calcutta; l'*Indo-Chine*, villes principales : Aracan et Bangkok.

Au *milieu :* le *Béloutchistan*, cap. Kélat; l'*Afghanistan*, cap. Kaboul; le *Turkestan*, villes principales : Boukhara et Samarkand; la *Perse*, cap. Téhéran.

34ᵉ Leçon.

L'Afrique est une presqu'île immense, située au sud-ouest de l'ancien continent. Elle est à peu près trois fois plus grande que l'Europe, mais elle est moins peuplée et moins civilisée.

Elle est bornée au *nord* par le détroit de *Gibraltar* et la *Méditerranée*; à l'*est*, par l'*isthme de Suez*, la *mer Rouge*, la *mer des Indes* et le *grand Océan*; au *sud* et à l'*ouest*, par l'*océan Atlantique.*

Les principaux pays de l'Afrique sont :

L'*Algérie*, cap. Alger, colonie française.

L'*empire du Maroc*, cap. Maroc.

L'*Égypte*, arrosée par le Nil, cap. Le Caire.

La colonie anglaise *du Cap*, cap. Le Cap.

Au *sud* de l'*Algérie* est le *Sahara* (le grand désert).

L'intérieur de l'Afrique est à peu près inconnu.

35ᵉ Leçon.

L'Amérique est après l'Asie la plus grande des cinq parties du monde. Elle se divise en deux grandes presqu'îles, l'*Amérique du Nord* et l'*Amérique du Sud*, unies par l'isthme de *Panama*.

L'*Amérique du Nord* ou *septentrionale* est bornée à l'*est*, par l'*océan Atlantique* ; à l'*ouest*, par le *Grand Océan* ; au *nord*, par l'*Océan glacial* ; au *sud*, par le *golfe du Mexique* et l'*isthme de Panama*.

Les principales contrées sont :

L'*Amérique russe*, cap. Nouvelle-Arkhangel.

L'*Amérique septentrionale* ou *Nouvelle-Bretagne*, (Canada) cap. Québec.

Les *États-Unis*, capitale Washington.

Le *Mexique*, cap. Mexico.

L'*Amérique centrale* ou *République de Guatémala*, cap. Guatémala.

36ᵉ Leçon.

L'*Amérique du Sud* est bornée au *nord* par la *mer des Antilles* ; à l'*est* et au *sud-est*, par l'*océan Atlantique* ; à l'*ouest*, par le *Grand-Océan*.

Les principales contrées sont :

La *Colombie*, villes principales : Bogota, Quito et Caracas.

Les *Guyanes*, colonies de la *France*, de l'*Angleterre* et de la *Hollande*. Villes principales : Cayenne, Paramaribo et Georges-Town.

L'empire du *Brésil*, cap. Rio-Janeiro.

Le *Pérou*, cap. Lima.

Le *Chili*, cap. Santiago.

La *République argentine*, cap. Buenos-Ayres.

La *Patagonie*, à l'extrémité méridionale.

37ᵉ Leçon.

L'Océanie est située au sud de l'Asie ; on l'appelle le *Monde maritime;* elle se compose d'une infinité d'îles disséminées dans le *Grand-Océan*, ou situées entre cette mer et l'*Océan Indien*.

Parmi ces îles on distingue l'*Australie* ou la *Nouvelle-Hollande* qui ressemble à un petit continent.

On divise l'Océanie en quatre parties :

1° La *Malaisie*.
2° La *Mélanésie*.
3° La *Micronésie*.
4° La *Polynésie*.

38ᵉ Leçon.

On trouve près du pôle Nord la *baleine*, longue de 20 à 25 mètres ; c'est le plus grand de tous les animaux.

On envoie chaque année dans les eaux de l'Océan glacial des vaisseaux appelés *baleiniers*, qui vont à la recherche des baleines. La pêche de ces énormes cétacés est dangereuse et difficile ; on tue l'animal au moyen de *harpons*.

L'*ours blanc* vit également dans ces régions glaciales.

39ᵉ Leçon.

On rencontre dans le même Océan le *phoque* ou veau marin, dont les Esquimaux font leur principale nourriture ; le *morse*, vulgairement appelé vache marine, cheval marin ou éléphant de mer : de sa mâchoire supérieure sortent deux redoutables défenses.

Le *narval* ou licorne de mer a la mâchoire armée d'une dent longue de 2 à 3 mètres, droite, contournée en spirale.

40ᵉ Leçon.

Les poissons sont nombreux dans l'océan Atlantique.

On y trouve le *requin*, connu par son audace et redouté pour sa voracité.

Le *marteau*, presque aussi vorace que le requin.

Les *poissons volants*, qui, poursuivis par un ennemi, s'élèvent au-dessus des eaux et se soutiennent quelque temps en l'air.

Les *dauphins*, les *marsouins*, les *tortues*.

On rencontre dans les îles de l'océan Atlantique une grande variété d'oiseaux de mer ; les *canards sauvages*, les *plongeons*, les *pétrels*, qui courent sur l'eau ; les *frégates* aux ailes longues et qui saisissent les poissons au vol ; les *albatros*, appelés moutons du Cap.

41ᵉ Leçon.

Sur les côtes de la mer du nord on pêche les *harengs*.

Ces poissons voyagent en colonnes serrées ; c'est ce qu'on appelle des *bancs de harengs*. Ces bancs sont suivis de milliers de poissons voraces.

Les meilleurs harengs sont ceux qu'on pêche le plus au nord.

La pêche commence en juin et finit en janvier.

Les harengs se mangent frais ou salés, paqués en tonneaux ou sauris, c'est-à-dire fumés et séchés.

Le *merlan* salé n'est autre que le *stock-fisch*, nom qu'on donne également à la morue sèche.

On pêche dans la *Manche* des *huîtres* ; cette pêche se fait à la *drague*, espèce de grand râteau en fer qu'on traîne sur le sable au fond de la mer.

On y prend aussi des harengs, des *maquereaux*, des *soles*, des *raies*.

La mer d'Irlande est peuplée en outre de *morues* et de *saumons*.

42ᵉ Leçon.

Dans le golfe de Gascogne ou mer de France on pêche la *sardine*. On y rencontre des *torpilles;* ces singuliers poissons donnent des coups électriques à ceux qui les touchent.

Dans la Méditerranée on pêche le *corail*, dont on taille des bracelets, des colliers, des bijoux.

On y pêche également le *thon*, gros poisson qui pèse quelquefois 100 kilogrammes.

Au nord de la mer Adriatique, dans les lagunes (marais salés), s'élève la ville de Venise, bâtie sur des îlots sablonneux. On trouve dans cette mer beaucoup de *sèches* qui fournissent la couleur brune connue sous le nom de *sépia*.

Dans la mer Ionienne on trouve des *espadons*, gros poissons qui pèsent jusqu'à 200 kilogr. ; ils sont armés à la tête d'une espèce de lame qui leur a valu le surnom d'*épée de mer*.

On pêchait autrefois dans cette mer un mollusque qui fournissait aux anciens la couleur rouge pour teindre en pourpre les plus riches étoffes.

43ᵉ Leçon.

L'Europe abonde en arbres fruitiers, tels que : *pommiers, pruniers, cerisiers, châtaigniers, noyers, abricotiers* et *pêchers*.

Dans les pays du midi croissent l'*oranger*, le *citronnier*, l'*olivier*, le *grenadier* et le *figuier*.

Les animaux domestiques sont : le *cheval*, le *bœuf*, la *vache*, l'*âne*, le *mulet*, la *brebis*, la *chèvre*, le *mouton*, le *porc*, le *chien* et le *chat*.

Parmi les animaux sauvages nous comptons : le *lièvre*, le *lapin*, l'*écureuil*, le *blaireau*, le *cerf*, le *chevreuil*, le *daim*, le *renard*, le *loup*, le *sanglier* et l'*ours*, répandu surtout dans la Scandinavie. Les *martres*, les *belettes*, les *loutres*, le *buffle*, le *bouquetin*, le *porc-épic*, les *marmottes* et le *chamois*.

44ᵉ Leçon.

Outre les oiseaux de nos basses-cours, qui sont : le *coq*, la *poule*, l'*oie*, le *canard*, le *dindon*, la *pintade* et le *paon*, nous citerons parmi les oiseaux sauvages qui peuplent l'Europe : l'*aigle*, le *vautour*, le *faucon*, le *milan*, le *cygne*, la *grue*, la *cigogne*, le *héron* et le *pélican*. Les plus jolis par leur plumage sont : le *martin-pêcheur*, le *jaseur* de Bohême, le *guêpier*, le *chardonneret* et l'*hirondelle*.

Les meilleurs chanteurs de nos bois sont : le *rossignol*, la *fauvette*, le *merle*, le *bouvreuil*, le *pinson* et le *serin*.

Les principaux reptiles sont : l'*orvet*, la *couleuvre* et la *vipère*.

Parmi les insectes nous nommerons : l'*araignée*, la *tarentule*, le *scorpion*, la *chenille*, la *mouche*, le *ver à soie* et l'*abeille*.

45ᵉ Leçon.

Nous trouvons dans la Sibérie, au nord de l'Asie, et dans la Laponie, en Europe, un animal, qui à lui seul remplace, pour les habitants de ces contrées boréales, le cheval, la vache et la brebis ; c'est le *renne*.

Dans ces mêmes contrées on trouve une espèce de chien connu sous le nom de *chien de Sibérie*. Il ressemble au loup et aboie comme lui. On réunit ordinairement 12 de ces animaux pour former l'attelage d'un traineau.

Les habitants de l'Asie ont su rendre domestiques l'*éléphant*, le plus gros des quadrupèdes ; le *chameau*, appelé le navire du désert ; le *buffle* espèce de bœuf plus fort et plus robuste que les nôtres.

46ᵉ Leçon.

Parmi les animaux sauvages de l'Asie nous distinguons le *lion*, le roi des animaux ; il est moins beau et moins grand que le lion d'Afrique ; le *tigre* sanguinaire ; le *léopard* cruel ; le *lynx* agile ; le *rhinocéros* à la peau épaisse ; le *serpent à lunettes* et d'autres reptiles dangereux ; une grande variété de *singes*, entre autres l'*orang-outang* ; des oiseaux au plumage brillant, tels que le *paon* et le *faisan doré*.

C'est de la Chine que nous vient le thé et le *poisson doré* qui orne nos bassins. Ce pays est la patrie du *ver à soie*.

L'Inde a de grandes plantations de *riz* et de *coton* ; c'est de cette contrée que nous sont importés les *châles* précieux, si recherchés des dames.

47ᵉ Leçon.

Outre le lion, le tigre, l'éléphant et le chameau, nous trouvons en Afrique l'*hippopotame*, qui habite les fleuves et les lacs de cette partie du monde ; le *rhinocéros africain*, qui porte deux cornes sur le nez au lieu d'une ; l'affreux *crocodile* ; l'*hyène* vorace ; le *chacal* avide de gibier ; la *girafe* au long cou ; le *zèbre* à la robe rayée ; la gracieuse *antilope* ; l'énorme *boa* ; le dangereux *scorpion* ; l'*autruche* à la course rapide, le *gorille* et d'autres singes de toutes espèces.

L'Afrique est riche en *citrons*, en *oranges*, en *dattes*, en *figues*, etc.

48ᵉ Leçon.

On trouve dans le nouveau monde d'immenses forêts vierges, rendues impénétrables par les lianes qui les couvrent; elles sont habitées par la plupart des bêtes féroces connues dans le monde ancien; le *lion* ou *couguar* est plus petit et moins courageux que le lion d'Afrique; le *jaguar* ou *tigre*, etc.

L'Amérique du Nord nourrit l'indomptable *buffle* ou *bison*, qui, dit-on, pèse jusqu'à 1000 kilogrammes et dont la chair est bonne à manger. Le *bœuf* musqué, moins gros que le bison.

49ᵉ Leçon.

La culture de la canne à sucre, du coton et du café, y a reçu un grand développement et est l'objet d'un grand commerce avec le monde entier, mais surtout avec l'Europe. Dans le Canada nous rencontrons un intéressant petit animal, le *castor*, qui couvre de ses étonnantes constructions les bords des fleuves et des lacs.

Dans la région torride de l'Amérique du Sud abondent les animaux féroces et les reptiles dangereux; parmi les derniers nous nommerons le *crocodile* ou *caïman*, le *serpent à sonnettes* et l'énorme *boa*.

On y rencontre le *tapir*, espèce de porc, qui atteint la grandeur de l'âne; le *fourmilier*, à la langue déliée et gluante. Parmi les espèces innombrables d'oiseaux, nous mentionnerons l'*ara* rouge, le *colibri* et le *condor*.

50ᵉ Leçon.

Dans les montagnes du Pérou et du Chili, on voit paître en troupeaux nombreux des *vigognes*, animaux de la même famille que le *lama* du Mexique. On y trouve le *cacaoyer*; l'arbre à *caoutchouc*, principalement dans le

Brésil, la Guyane et le Pérou; des *palmiers* d'une grande hauteur; le *cactier nopal,* qui porte la *cochenille* donnant la couleur précieuse de l'écarlate et du carmin.

Le repos des hommes, dans ces belles contrées, est troublé d'une manière cruelle par les *moustiques* et les *vampires,* chauves-souris, avides de sang humain.

51ᵉ Leçon.

On trouve dans les îles de l'Océanie, qui avoisinent l'Inde, le *babiroussa,* espèce de sanglier, dont la chair est fort bonne à manger et qui est armé de grandes défenses; le *kangourou,* espèce de gros lapin, qui atteint la grandeur de la brebis; le *phoque;* l'*ornithorynque,* qui ressemble à la loutre de nos contrées et a un bec pareil au bec du canard; le *gécko,* sorte de lézard réputé venimeux, et le *dragon ailé* qui, moyennant une membrane reliant ses pieds deux à deux, peut se soutenir dans l'air et voler d'un arbre à l'autre.

Parmi les oiseaux de l'Océanie, nous distinguons le *cygne noir*; le *perroquet;* le *casoar,* qui n'a pas comme celui des Indes, une crête osseuse sur la tête et dont la chair est bonne à manger; l'*oiseau de paradis,* dont les plumes brillantes comme l'or, servent à orner les turbans des princes et les coiffures des femmes de l'orient; le *menure superbe,* qui porte dans sa queue deux plumes magnifiques, recourbées, semblables à une lyre.

52ᵉ Leçon.

On rencontre dans ces îles des forêts impénétrables formées par le *manglier* dont les branches inférieures descendent à terre; le *sagouier,* qui croît principalement aux îles de la Nouvelle-Guinée, aux îles Moluques et aux

Indes orientales, et fournit le *sagou* avec lequel la cuisinière sait préparer un si bon potage. L'*artocarpe*, qui porte un fruit de la grosseur d'une tête d'enfant et dont se nourrissent surtout les habitants des îles Moluques : on le multiplie partout, autour des cabanes, dans les champs, et trois arbres suffisent, dit-on, pour faire vivre un homme pendant toute l'année ; enfin, le *muscadier* qui fournit l'épice connue sous le nom de *muscade*.

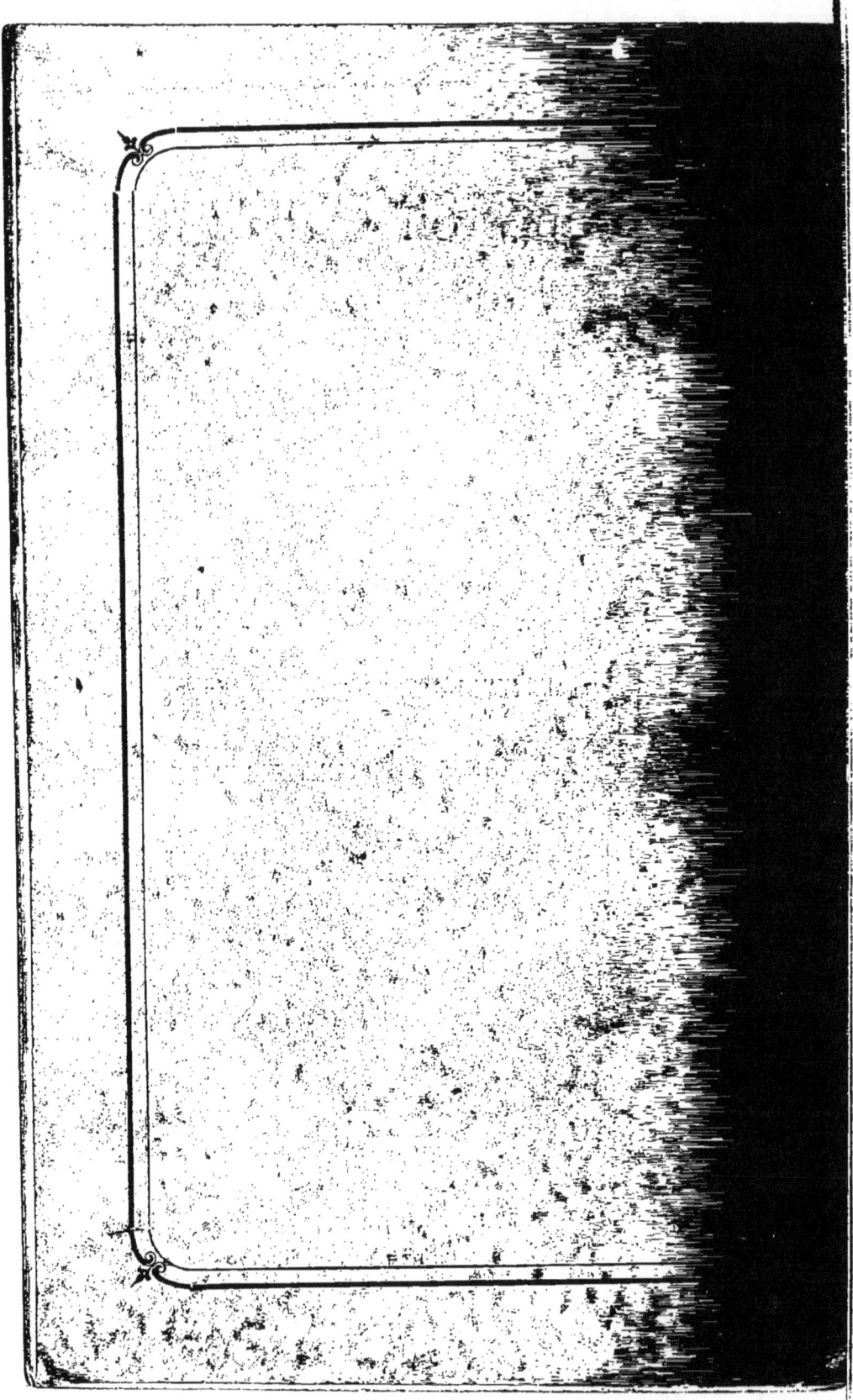

www.ingramcontent.com/pod-product-compliance
Lightning Source LLC
Chambersburg PA
CBHW060926050426
42453CB00010B/1875